BRANDON'S

SEEK & FIND

ACTIVITY PICTURE BOOK

BY KAREN A. GAUFF

© 2024 Karen A. Gauff

Karen A. Gauff
Brandon's Seek and Find Picture Activity Book All rights reserved. No part of this publication may be reproduced, stored in a retrieval system or transmited in any form or by any means, electronic, mechanical, photocopying, recording or otherwise without the prior permision of the publisher or in accordance with the provisions of the Copyright, Designs and Patents Act 1988 or under the terms of any licence permitting limited copying issued by the Copyright Licensing Angency.

Independently published

ISBN: 9798320727127

DEDICATION

This book is dedicated to our granddaughters, Amira and Amiya. Just know that a thirst for our Lord's presence and his wisdom are your greatest treasures.

BRANDON'S SEEK & FIND ACTIVITY PICTURE BOOK

Welcome to Brandon's Seek & Find Activity Picture Book (Large Print).

This treasure you hold is a companion activity book to Gift Box Maker (Brandon's Adventure). Reading Gift Box Maker first is recommended but not required to enjoy this activity book. Enclosed, you will find dozens of word search puzzles themed from Gift Box Maker. You'll also simultaneously expand your Bible knowledge. In addition to a word search puzzle, you will also find a Gift Box Moment (power packed revelation) as selected from the King James version of the Bible unless it's specifically identified.

Seek & Find word search puzzles was one of Brandon's favorite past times. I'm excited for your discovery! You're in for loads of fun and some pictorial surprises too!

Different types of word search puzzles are contained in this activity book. You'll find traditional word search lists, as well as scripture passages with the search words, printed in both type, underlined and italicized. When a phrase is bold, underlined or italicized, those words will be found together in the puzzle grid.

Every word in the Bible verse quoted below is contained within the group of letters. Words can be found in a straight line, horizontally, vertically, or diagonally. They may be read either forward or backward. Shorter words may be found more than once.

Scan, circle, and enjoy the word search treasures of Gift Box Maker!

Be Inspired!

GOD
ABBA'S LOVE NOTES
AUDIOS
BE INSPIRED
MOTHER
DREAMS
DIFFERENTLY ABLED
REALITY
APPRECIATE
OVERCOMING DEPRESSION
JOURNEY
OWN BOOK
WHAT NOW?
GIFT BOX MOMENTS
PROMOTE
HEALING
HOPE
JOY
LOVE
COURAGEOUS
INTERWOVEN
HEAVENLY REALM

```
B Z D J E D D P X V J W O L D H L E K A
K E G I F T B O X M O M E N T S L J B
V V O N F C J M I P Y H F R U I C W G B
I J D T A F O E X Z S E U X V J Y F X A
K Y Q E A Q E U N I T R G I X O B Q W '
R V E R O U X R R B A D O N J W C R P S
O H N W E F D R E A M S Z C I N G W S L
L E I O Y A P I S N G U V P A B X C H O
D A B V C Q L U O B T E D X R O G J C V
G V K E R E C I S S C L O J X O L O V E
Z E I N I Q V C T T G Y Y U O K M M I N
J N T N L N A J L Y M X W A S U L O X O
Y L L Z M Q S F X H L P B H B S R C T T
Y Y U R H Z X P O C J R H E A L I N G E
O R X Q O V K H I S Q O V O R T E Z E S
B E W Q M O T H E R I M Y O P I N D R Y
B A P P R E C I A T E S I A L E N O G S
E L M A X V G W C W B D J N Z S Y F W B
C M X X B Y N I G K Q W P P D H D P O ?
O V E R C O M I N G D E P R E S S I O N
```

```
M Q H X O E I S D Z N Q P I G K Z Y L T
F D R Q Z S W C E R T A I N S U R E T Y
F U I W Q O D L W E X R T H E R N M P M
W G R Q P L N W X O U A I E F S Y O J G
J Y N D K G B G R O H E A R O P E G B M
W Q O D S L C R F X B D P I L B N G C E
G F N I D H K N E W H J Y T Q I Z V J C
K L Q U H H F I C 2 L U A N P I L L Y
V Y N M G T F H F : K V G N Z L E U C Z
V R N L X G A X 1 Z H N I C B J H Y Y M
R D W W P D S S E E I G L E N C W L F X
Y R S P M U U Y R H E N X C S M P H L D
X Y L X M T T O T B A X F A K R Y B X V
K O R B I J F Y K R R L E L O E G E K A
W G I T Q E R D L T F E E L O T D X T M
E V V W B E E M P O W E R E D P C I X X
F C S G V G Z T X P U T P D V K V S T H
R Y A E Y X L Q E C N Q I S O D W M C Q
E Q K X E L U V N D H Z Q U Z D C I K J W
Y H Q B B T I K F B Q X J H E N D X U N
```

4

Gift Box Moment 1

**Beloved, BE EMPOWERED through God's
CERTAIN SURETY of an INHERITANCE CALLED
to you BEFORE the BEGINNING of EVERYTHING
you SEE, TOUCH, HEAR and FEEL.
Titus 1:2**

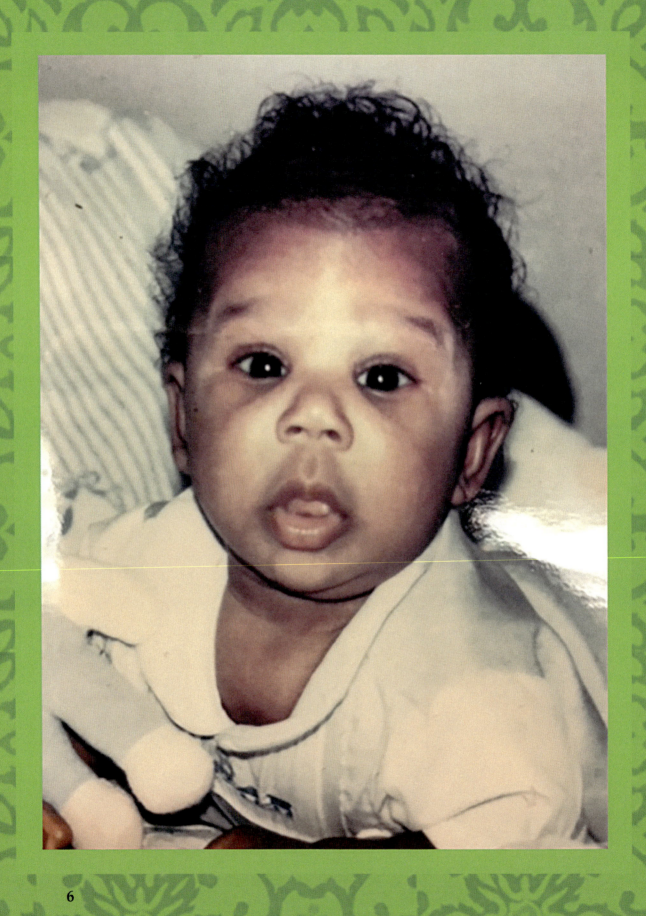

Be Inspired!

Gift Box Moment 1

7

Be Creative!

BE CREATIVE
GABRIEL
OCCUPIERS
ARCHANGELS
ABBA
SECRET KEEPER
GENESIS
HOLY SPIRIT
DEVIL
CALVARY
IRRESISTIBLE
CITY
INHERITORS
DYNAMIC KEEPER
EARTH
CHAMPIONED
JAHIR
HUMMING
DISTINCTIVE VOICE
CYLINDER
SON
LIVETH

```
R A F E V G W G F G F V C H G H C S F S
W X F C I E Z B F H C O A G D R K J F W
O O E D Q N D B E D W R A Q B D K F C Q
G A B R I E L E C J M X X F Q O D Q G
Z S R D K S X W V C R G E Q O G V B F Q
Y E O Y G I T Y R I E E U D N G B L W H
Y C J N Y S Q I M L L E A R T H W I X Z
P R O A T C H E N B B E B T M B E V N K
R E C M G A I G I C H A M P I O N E D B
H T C I J E M T A N T M V E E V V T Z U
H K U C U S S H Y R H I Y U K F E H I R
I E P K V I C U O X C E V Y Z S R L B N
M E I E S Q R M C L W H R E I H Y K B U
L P E E X E G M W G Y A A I V T D K D F
J E R P P X G I F H V S O N T O M T E T
D R S E H N E N P L S W P P G O I M L U
I G X R X X Y G A B B A R I D E R C M X
H R K H H C E C Y L I N D E R P L S E D
A M R X B I P Q B H O X O X R I K S C S
A I H P J H H L L X F X M N G M T L Z D
```

```
U S R N N W V C J T F X V E J J X F H J
W P B Q K R V S I Y I Q Q Q R F B T S O
A T U I B P T R A K S D J H O S E W Q M
O T B H W S H W E N T T D P G V P D Q V
W L P N N L Y Z Z Y R I A T I Y T Z F R
I R H D B H S P V H W O V L L O G R T V
L A Y B T H O C H X A D N V M A U J P B
Y U Z O O S N J Z S E O F O K E N D C J
Z C G H Z G L P J V S A P A G B U I H B
E G K P L S I F O Y C C A F V S R C K W
S D A S B P V L H U I U K N M H F J Y M
F X C N R Q E T N U A F Y B T H X X V E
B F G J D B T Q 4 P H R I R P V V W X F
M E H J B M H G : S W R T O M M Q R C E
D R D C H N G A 5 I D K K C F V B S N N
V Z T A R G Z W 0 S E V A Y S Q S G C J
X U D B D C I M , O O S K B X D H E J R
L W H Q N W N C 5 L R L M P Z B U T S Y
Q X J T K I Z T 3 T C V K M I O R N P D
P F P A W V C B D L Z D K P G T T B D X
```

Gift Box Moment 2

Beloved, Go thy way; thy son liveth Thy son liveth.
John 4:50, 53

Be Creative!

Gift Box Moment 2

Be Ready!

BE READY
GOD
UNCONDITIONALLY
THRONE ROOM
MARY
JOSEPH
MESSIAH
JESUS
EMMANUEL
AUTHORITY
LIONS DEN
ZACHARIAS
ELISABETH
PROMISE
JOHN THE BAPTIST
MICHAEL
THE TRINITY
ADAM AND EVE
LIGHT
GIFT OF GAB
PREPARATIONS
DELIVERY

```
G G K F M B T B N S O N X L R V K K M T
Q N F Q R E E E N A U T H O R I T Y T G
E U D L G C S O C G S O A Q M R R S A H
O U P R O M I S E D D C C M C E I M T U
L Z V P D L P F I S U P G V T B K D L
V F Y G K M I C H A E L U I P A E C Q F
R W N A C E S G I S H R L A R B R H Q H
W Y L K L W L R H B E E B Q A S E I X D
F S S T S V A T E T D E T G B F A Z Q W
O S M D E H X C I Z H E F J O F D F E M
F V U N C O N D I T I O N A L L Y S E B
M A M A R Y Z X N P T H E T R I N I T Y
V J Z O S F J H F F M G O M L E P D Z B
X T E I F N O P I P A D A M A N D E V E
R N G S M J U G P K N T O O J J J C P E
C Z R R U O B A F P E Z O H Q S C F Z A
R C E L I S A B E T H S S Q D Z R Q A T
Q R U D D E M M A N U E L C N Y X Q N A
W P P R E P A R A T I O N S P V G D W M
E K I L T H R O N E R O O M M M K J N S
```

```
K B J S R B R G Z T T C G S K R P O A Y
H R S Y L Q Y M V P R C P V O N J W F
Z S M J L P K R F E E D C E P H T R Y Z
S C X B S F O W R H R Y N C S A V K O I
L X F D O B G M U S S Z K I J D Q O R T
I X A H N E U H T H Q M C A Y G F S L F
A T P O R I P Y M D S X I L U X D J B C
Q H E J L N V U Y W H Q L T L T S Y Y P
U B F Q I G B U J B K A L I M T I S F D
B D B Q I U T T S S I Q W M R Y E K V H
J H W L H N F J A C J L J E L D Z Y G Q
Q U M X Y I M I E S T H E R 4 : 1 4 L Y
P L Y A R Q D P F B R L Z K I S T X R Q
Y H K G D U S P R X L I O P Y J W Z L N
G O , B L E S S U L I F G I U R A N X
X X X G H L N A B R A U A G V R L S B C
L X F B C Y F I T B B M X R K N K Q R S
B J Y J V Y S A L C K P W C P X C Z S V
V A Z U Z O Z F C C Q S K A U A A T M O
J J B U F U I M F K H T H N S V W R B O
```

16

Gift Box Moment 3

Beloved, I <u>made</u> you <u>especially</u> for this <u>special time</u> you were <u>born.</u> <u>Go, bless</u> My people just by <u>being uniquely you!</u>
Esther 4:14

Be Ready!

Gift Box Moment 3

Be Different!

BE DIFFERENT
PRISM DEVELOPMENT
DEFINED OCCUPIERS JOURNEY
INHERITORS REVEAL CELEBRATION
HANDPICKED
SK ANGEL
DK ANGEL
CAPACITY
TECHNIQUES
SPECIAL INSIGHT
CHARACTERISTICS
FAMILIAL CONNECTION
TARGETED
SHEPHERDS
MANGER
WISEMAN
CHECKMATE
TIME DISRUPTION
PLANET ON FIRE
EXHILARATING
MATTHEW
LUKE

```
J V H O J O Q C I R L V S X S W I F Y G F M Z M R
E T S X B N F P W E V O U D K A N G E L T Y J Z F
A D V W U E W N G D E E D Y A G H W D C V Q R P O
D C Z W I H A N D P I C K E D Y E D H P E H Z M W
R V K P V M A T T H E W J Y J A R L Y V X I X P V
N I O K O K S T V H O P Z W P W I Y N K H F I S F
V P R I S M D E V E L O P M E N T I R F I C Q A B
A A N M B Z L B H Z B P H H T Y O M L P L Z H X P
S H D I T M G T J P D U S G N P R M K O A X N M L
C D E F I N E D O C C U P I E R S J O U R N E Y A
G H D Y M N O S S Q B A E T C I R G I T A M E I N
X J T X E U B T E M C X C S S M E V V M T T Z C E
A J E Y D S A R Z C T N I K G H V F B U I A K H T
J E C F I W J I X T K G A Q T I E O Y H N R W A O
G I H J S N M H G K V A L N J X A P G A G G C R N
H D N Q R P P P R M E H I T B F L T H F O E D A F
K Z I T U L X W W Z M O N I J K C M A E P T M C I
R B Q L P H S G Q R W I S L U K E E N E R E E T R
C V U Z T F M H H Q J G I U Q D L B I D S D U E E
U B E D I F F E R E N T G T L O E R T I H L S R D
I B S P O O S I U H L N H K E A B S W H A R E I M
B D P I N C H E C K M A T E S M R O J T S Q K S B
R U I Y F B V O L V V P V T P C A P A C I T Y T U
B D N Z O U J A T T W A I O B Q T N A M S J R I T
C Z W Q B G H Z N Y Y P S O D L I M G X L I F C M
F A M I L I A L C O N N E C T I O N E E U F W S T
F O I B F C H B O D Y T D S T F N X B T R W N M P
```

```
I D U Z K Y Q M K W Z U W Z I C I F P Z
G K X G K O I W D R K G A H Z F W D B S
B A P G J U P U B H U M R L W X E J L X
K Q O M U G A Q P Z N W C U L Z G N O Y
R D N Q Q R H O S J F S O V E K U V L G
R B M O U E G T A P H E M N I N L Y I Y
N P E R F E C T L Y I M P E R F E C T F
X G T J A T C P M H U V L C B Y Z S O L
B K W X T E A J 1 C A A E R H X W M H Q
N Z X S M D L E 3 Z Z U T E C P I U X M
G O Q I E F K G 9 Z B X E Z X Y Q U I L
S Q T P Y R Y U : G E Z N R X K K P X
R I J U N L M J 1 G Z B E V O W W I H X
B G T R P Y J K 3 Z F G S P J E O A P N
J S D A C Y D H - C P L S Y N S K R Q R
D U V D R Y I S 1 Y Z V H K Y E X Z L G
J O M V F G U D 7 D L O I C R E A T E D
A N L R O P P L P F M W K K K C A D C W
D F P F O E X V M X A S A F J I F R M I
G S P M K B X R B L U E R A G I I K N I
```

Gift Box Moment 4

Beloved, I KNEW you before YOU GREETED the WORLD. I CREATED you PERFECTLY IMPERFECT so you would YEARN for your COMPLETENESS in ME.
Psalm 139:13-17

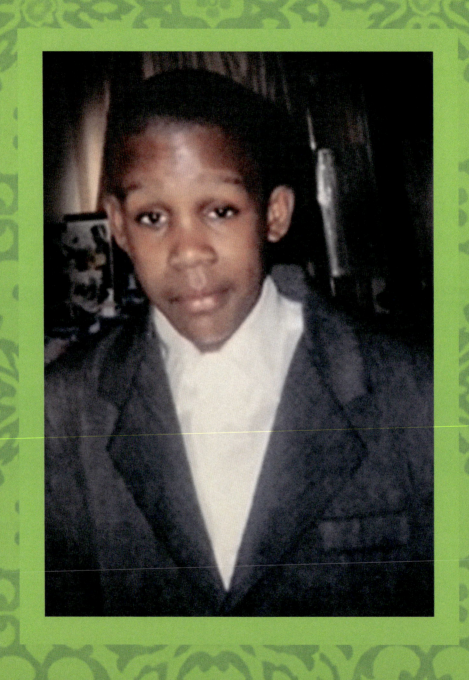

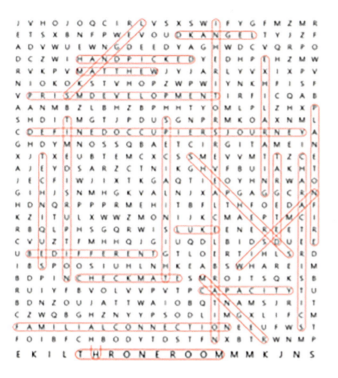

Gift Box Moment 4

Be Grateful!

BE GRATEFUL
TWENTY-ONE
BRIGHT GREEN BANNER
BJ
MANIFEST
PURPOSES
BLESSING
LESSON
LAUGHTER
PITCH
ATTRIBUTES
HEALING
HOPE
JOY
LOVE
BURSTING
PIERCING
GREEN RIBBON
ADVENTUROUS STREAK
PARENTS
UNEXPLAINED TEARS
SIGHTS

```
R M N Z V X B U R S T I N G W N D G U Q
R N P P I E R C I N G Q B N H R F R S V
R Q B I H O I E R Y J S Y F F P A E H S
B L T T H W G J O J E N F Q E T S E Z K
H B V C V X H Y O S I S W F K T B N S L
I A P H E U T V O F L A U G H T E R G M
K Z P V H B G P R T J N N G H N G I F K
N Y O A D T R E K T N C I J O Y R B B L
R L Y W R U E X E E B S K - P S A B X T
E J E V P E E R W N V M Y G E U T O Z E
B L E S S I N G I Z A T A T F N E N F G
K J B S S D B T K Y N H U N J F F T O E
M D H H R O A J S E D B L X I Q U P M S
D W E D R Y N Q W K I Z Y Q A F L W B A
K T A D V E N T U R O U S S T R E A K P
E P L N F U E S T F S J V J U I T S U P
Z Z I O V P R T L O I P F V D L Q I T S
R H N M Z Z A M I E X Z O V B E P W F H
B A G W Y Z S A E Q O W C H T N Q C B H
U P M R U N E X P L A I N E D T E A R S
```

```
O U F N V X H B J R H F G M Q D Z Z K P
J F F H H P P R A I S E T O M E D C N K
Z W H G V P U X K G J M H V U B L X K G
K Q Y B O O G B J P Y F I S F U F N Z R
L Y A R Y B F G O W R O N G O S A C O L
D V K E W R W E L Y H A G B E L A Y E A
P H H V J A Z N K P L I S L J I D N Y
M D U B Y N Q E N P S D E W V F B G J
L V G Q T V L S G S L F N U G I L C Q U
X R N O V K Z I Q A I T J R H Q X C P K
H E Z Q B H B S H L F I O S H J H R E F
L C I Y E R N 3 L M E Z Y S U B P I C X
I E W B H C A 7 S 6 Q K F V N A S Z P L
W O O D L S U – T : Z X G F R Z P K A C
V D Y I C P I 4 T 5 L R X Z A V M D M O
I F T D G O C 5 C L K S G G Z Q D M N
N M Z U R H C V A W L T O N B B V I S W
J G Z D Y B F L T Z K R A P Z C J K C V
E S C F A R D S F C E H L P D H M V W Q
B R C A M U S Y O Y R L F W S R D T D H
```

Gift Box Moment 5

Beloved, I have **big plans** for your life. **Enjoy** your **life**, even when **things** seem to **go wrong**, because **your** very **life** is a **praise to Me**.
Genesis 37–45
Psalm 6:5

Be Grateful!

Gift Box Moment 5

31

Be Brave!

BE BRAVE
PREPPED
AVERY
KAREN
RECONNAISSANCE
TROUBLING
CULTURAL PHENOMENON
ENCOURAGEMENT
WHISPERS
RUMOR
BREATH LAP CYCLES
ORCHESTRATE
COMPASSIONATE
TRANSFORMATION
YEARNING
UPROOT
PLANTING
JAPANESE CHERRY BLOSSOM
ABUNDANT LIFE
CONFIDENT
INTERACTIVE
MEETING SPOT

```
X D Q L C Q E K R D Q Q Q I V P G L M V R F M N N
Y G X B E X V Z V X B J K D A V S X N K D Q E J J
A I R B P J R R C B X E K H N F V R V K U G V H
M Z Y I Y A D K H R B O R D P D Y F G E K G N Z Q
O J J I H P O L V E C O M P A S S I O N A T E U P
D F A N F A B R I A U S Y M W I S R J C Q R S P E
K Z H T I N V L P T L Y Q P P Y U P R O O T M H Z
N Y P E Y E W O X H T R H A L D H V R U Y A R W T
G P E R D S X R J L U Q B K A B J N P R E P P E D
K B T A D E K B T A R V B H N S R G E A F O P Y Y
Z S F C G C R U K P A B C X T P G V M G N P Y N S
F B N T P H Q D X C L E I O I M A L M E E T I N G
Q M U I A E D L C Y P T R A N S F O R M A T I O N
R H D V K R Z T J C H D R E G F P P P E U D T R T
M J B E B R A V E L E O U O K J I O J N P I B C I
I Y K K U Y F K I E N B M M U G F D T T O V C H T
F M Z H P B O I A S O S O S O X Z L M E T C T C E Z
C B R V Z L T J R R M K R H S Q L M N N X N L S P
D X P A M O U E Z G E N K J T O Y I T E T G M T U
L Y G S P S P X H V N N S F J C X A N C Z V M R Y
P G R P M S I A Q S O U Y E A R N I N G W I H A K
T A S X I O R E C O N N A I S S A N C E E A D T E
Y H A H D M I L S M Z Y A B U N D A N T L I F E S
H W W N T I U K P G P B V X B R E A J C R M V L I
K O I Z O Y F U Y P A N F H K D T K W P X L D B R
```

33

```
G V M I I L A H Z K D Z B Y W C G G S J
N D S P V M U F O M Q F M L H E P N U S
Y D T Y Z T Q L X P Z I H G R D C X M W
Q U S M U Y N Q R R N T M A K J K U P C
V J I Z M H X G U E B S A X B E L G E B
G A U F C G W H V H I S I H K A H M T A
M A G L V N Q U S O K N O W Z G Y D Q O
V U O C U W W G K Q L N E L T K P W T R
R G R A W K H Z F G G I V E P H O H I O
J O R T O O E E F S J W C U D C K V I B
W K C R F O R 5 G X Z N W A P H N O R D
H W D W B A E L : R A Q A I L V M O Q Z
W F S X H L I O D 1 P D Z C R L S F S Q
K V H S C Z S V C Z - E F V T B E A E G
L K K U W T E E S C V 6 R G N E X D A E
J L I R A P N L N N P E S Z X E J O
Y T R E H H D I J Y X I A Q V L Y B D A
L H S A O S X G A U J P A D X M W Y F E
J X B C D H H N W O D P C O Y L W Q O
K A T H N Z J T X E C D Z N S X U D K F
```

Gift Box Moment 6

Beloved, I NEED you to KNOW for SURE that I CALLED you to SHARE your LOVE LIGHT with the WORLD. Just know that WHERE I SEND you, I will GIVE you what you need.
LUKE 5:1-6

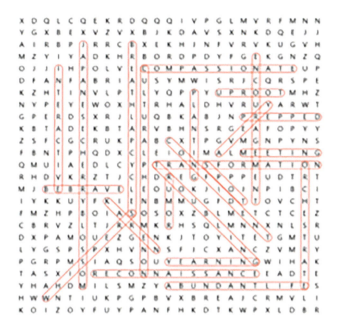

Gift Box Moment 6

Be Adventurous!

BE ADVENTUROUS
THE CITY
FORTITUDE
BRISK WALK
TALL AND STEADY
CELESTIAL
STURDY
TWO DIMPLED
RAINBOW
LILLY
ANNOUNCEMENT
BEAUTY
BREATHTAKING
AURA
INHERITOR
BIRTHDATE
DIVEST
TURBULENCE
FLURRY
CONDITION
ENTRYWAY
RELATIONSHIP

```
P G V X U C I S P B N S U P I Q S S Z S
M V X E B E A D V E N T U R O U S E H V
B O W E X R A I N B O W K K X L I R G U
C K G U J T A A P A I J P L K T J R S M
B R E A T H T A K I N G G G E T W P H J
R X T U R B U L E N C E I A M E P C P C
U L H V M Y A N N O U N C E M E N T O N
U I Y Z R W E U Y B D I V E S T R A Y T
O V G R K M Y A R U L R Q I R W R L I X
K V U S I D W C F A R E H W H O B L F L
U L I L L Y P F O O B L H J K D I A N W
F R R B R S Q U T N R A V L C I R N E A
B A Q T N U W I Y F D T A X Y M T D C R
A E N U H U R D R N D I I A Q P H S H W
M E A C F E R U V A T O T T G L D T E U
B M B U H U C C V S H N P I U E A E Y Z
T Z E N T J G I E T N S B W O D T A K F
M T I S F Y V L T I N H X K S N E D Z W
Z S D B E Y E R Z Y K I Y E B W H Y R D
W M G U D C W Z H H H P F U H J E F A X
```

```
A C S T Q J T M Z G E L F E D U X V E H
H S M N V J J Y X T V H M Y G L O W M S
Q J W P F J P L I Z K O E Z D H W L B O
K F M H 2 C O R I N T H I A N S 1 : 2 2
F H K I O P I W K G H K V Q R M N N B J
O O E O G P T I N W S I F Z X T H J N Q
A L L S Z N O A Q N F E O P J Q U I K
S A V R V G L N X N P F K W M Z A I M
C C C V N E Y A B O T H J R L R P J R
Y T X N B L N Y V F R S E N G I E R F I
W M X U R F Y L E G F N Z F Z K R Q C T
E P O Q X S S J Y I K F A B N T L F T W
T Y H O Y J F S H F G M T U W Q G L M Q
S Y U F I X O Y F E A A F T U R U W U E
G F K E L L W P P I K T U C H U N U C O
Z R K K Z N G B S Y D C H T L G G K H U
I U L H Y Q V K X Y Z H W E R I V N V C
K R E J E Q M G R I W A J F R A T T O J
L U E D J D T R G K K Q S K P W D E K G
R L J E B B B P X P B W X O G E K B G N V G
```

Gift Box Moment 7

I am your **heavenly Father**, Beloved. I put **My glow** on you and My **Spirit** in your **heart** to show **you belong to Me**.
2 Corinthians 1:22

Gift Box Moment 7

Be Attentive!

BE ATTENTIVE
LIMITLESS
BIRTHING CANAL
GIFT
WING MAN
QUICK SOLUTION
MUSIC
MONIQUE
WILMA
APPLAUSE
PUCKERED
ADVENTUROUS STREAK
TIPPY TOES
MATEO
BRANDON JESSE
EASY-GOING SPIRIT
PAULETTE
MATHIAS
SHEILA
GARY
MOTHER'S GRIP
GOD'S BELOVED

```
T Q Q E J G O D ' S B E L O V E D P Z P
V L A D V E N T U R O U S S T R E A K O
D R U R H I B E A T T E N T I V E U E L
S U Q U S S I R W N K E Y L B K G L A R
X Q C F C T R C A M Y Z S G M C I E S L
I Y L R R Q T T Q N Q Y A Y U A F T Y R
Z V Q J J D H L I T D D O B P P T T - G
R Q H Q R V I Z L P T O B C U P G E G N
T M G J U T N B G R P B N H C L I C O D
R O A I P I G J D R R Y F J K A K J I L
A T R T S A C L I Z D A T M E U M A N P
W H Y P H C A K I Q A J J O R S U N G L
M E T Y E I N P S M W N Q J E E S G S Q
H R C K I X A W D O I I H J D S I E P T
T ' H O L A L S U N L T N H M G C B I F
Y S I T A H E T X I M U L G Q N K M R R
P G X K E Y F Z T Q A Y T E M I Q Q I Q
G R X L Y Q C H P U E H H I S A O U T G
D I Y N U Y G B R E R Q Q J O S N H G I
G P P S C Q X V M R W I F C L N P C Q D
```

45

```
V U S Y W N M T O K V G E L B T A C P B
F S D E M K Y W F M H H X N M I O Q I W
F P R G X M P D X A N L G T N S D R N M
M O Q N M C L C O I Q Y S F K U T W P A
W H A G B A A V S B D B O J V J R A D V
H O C O D I N D N E Y I I A L A R D C U
G M G N U V S Y V B B A Z V P A E G Z L
H N M A T Y F O R W S C N J A P O S S G
X U R R O U L T G N B I E S I H E U M O
J P J E R E M I A H 2 9 : 1 1 Q A H P O
K G M Y B B I H A V E M M H C J D O K K
Q N H O Y S P S Z U G E F C Z I C Q W M
C Y O U A K N T M O W X P Z D U F B X V
I R I R S X O P Z H V K M Y A S H X M K
G A N E L D S U K U D K A A B M U Y O U
G R E A T F M U N M R E K Y P G W W T E
R V V D F E Z C E V W W V J L L F U T D
H Y M Y N A U Z I V U N G N H J K R Z S
J U C ? H Y Q P W U Y N J M D T L S F H
U L F Q G J H Q I O A B U G B J I E Q N
```

Gift Box Moment 8

I have so many great plans for you Beloved. Are you ready?
Jeremiah 29:11

Be Attentive!

Gift Box Moment 8

Be Helpful!

BE HELPFUL
BUILDING
BLOCKS
CLUE
MEMORY BANK
CHA CHING
SOLVING PUZZLES
CREATIVITY
GOLDFISH
LIFECYCLE
BIBLE VERSES
LITERAL MINDED
HUG
SMILE
DEEP VOICE
BIKES
CAVITY CRUNCH
WELL-CONNECTED
ASHY KNEES
OLIVE OIL
PRAYING POWERFUL PRAYERS
CUP OF TEA

```
E Y W N F B X C W X P S K Z E D Q B A W K I B
W W Z V N U B N T Q M B C Z L N X P P K M V W
R P R A Y I N G P O W E R F U L P R A Y E R S
K A R F D L N G K J E H E D G I I X C C M Z N
J K A I D D A Y O F K E A N R T G A M Q O A N
Q R V F T I S M I L E L T S A E B R E O R N G
R O L V Q N H C A L D P I V J R I G B L Y V P
V E I S N G Y S F U G F V K G A B U T Q B K J
E O L B Z V K S O Y C U I F K L L K J P A P S
H K T T I W N Y C L A L T S E M E M V V N Z A
X H A L O K E W I J V A Y L H I V F R Q K M C
R Q O U H Y E L J X I I Q C Z N E Z N A V O F
X J S I L U S S L Z T V N Q D D R F W N B G O
G C S D L H G V L - Y O S G W E S M B K V I A
A V M C V U L B L O C K S O P D E V Y E N H A
K X K H U H R I B V R O X G K U S P T Z C R F
M G K A O P A I F E U V N R O K Z T V R G U Y
U O L C D U O L F E N K J N Z L U Z Q O C M T
D J J H S U Y F H S C F C T E S H H L D I Q M
L Y L I Q O K B T A H Y Z F A C W K E E P C C
R Q I N X B E V H E T X C S S M T D C V S U E
H F E G B C P Y H R A U T L G V V E X D Q P Q
V T L H C E X Q S I O W D F E B D Z D K A O. B
```

```
T N O F Q D S G G V L J Q W N O D H Q C
Y T J X F T X A R F P D F P E O N Z L K
W B G N W T S J T E W V O N R K L C R C
K P J L T D N R S W A E R B J O C S L O
V L W Q F V Z A E R X T C S D B X K P V
B L I D A F A V E S N H E K Z Z W G G G
U K N L S Y W T Z S D V E S Y Y H R A G
S K R P J K R S H N O X G Y T T H V R E
U L O Z E Q E E O L E L B C B 5 N O I D
I Z P O S V O E G F Z W E E 1 A P V G L
W H N U U E V N C B Q N G : F N H P T Y
O O C Q S T I R G V P P 2 L R U L D O Q
U R R T D V A U E I F 1 Y Z A O J R S G
K F M L I N F M T B W R E P J L G F J S
P T P G D V T E K E U K V S G H G X T L
J F R B ! L I Y H S I P P Y U R U Q V U
Y C K R B C S T U Q A U K Y R Q A W Z S
R E K R M A T T H E W 1 4 : 1 4 D K P U
W Q D T H A T ' S Y Q L L Z R A S D P I
Q R X Y M Y Q X I U U U X E Q N K H H M
```

52

Gift Box Moment 9

Beloved, GIVING LOVE is the GREATEST giving FORCE this WORLD has ever SEEN. SO, give love because THAT'S what JESUS DID!
Matthew 12:15
Matthew 14:14

Gift Box Moment 9

Be Helpful!

Be Bold!

BE BOLD
HELPFULNESS
MOTHER
DAD'S
BIRTHDAY
MYLES
PLEASE
WRITTEN STORY
MLK JR.
NEWSPAPER
HOLIDAY
DESERVED HONOR
ESSAY CONTEST
WON
PROPHECY
SPOKEN
FIX
MIND
BODY
SOUL
MOON
STARS

```
S L Q M A H K F U F P M B Z P T N B X K
W D P L Y X S M I C B O Y F L A N A D A
F U Y N S T H K Y J Y A F N S E S P W F
O C P Y X S E B H Q D Z B T K A R P X P
X S Q N U D J W N I R V A S K R U O X Q
W B U O R Z M Y L E S T Y H E U M A O U
Z Z N X O U V O P N V Q F G B X O S K Z
W D B T W V H A I A Q T M V I J R . V F
C B V L Y L P S H R I V L O R A B H N Z
Y L S W J S X F Y J Z V K Y T E Q M G
V Z Z I W O N T T O S K V S H H N Z D
S S E E R E S S A Y P U F D D R E O I V
K P N Y I E X E L B O L D A A Y S R S A
E R V Q T A S H B X K B O D Y U E K T N
V C F N T A F J I L E D E ' A X R X O G
F M O H E L P F U L N E S S T P V T R E
P C I L N G X O I I X P R O P H E C Y O
A I P P X O S F M O O N Y V Q X D T G J
P D Q A O A Z E T N K C C L K Z U X C Q
H B X Q M L S Y K O O Z J J O M S G I I
```

```
W C B A X C D K L E Z Q Q X A Q F P D D
H X S G F G M G X Q N Y B W D A I B U D
E V N M C I B Z X P H H I K Z K U U Q
Q X M U R A O 1 P E T E R 5 : 7 U T Z H
E V A Y M J F A M I L Y F D W E M I H J
F Q H L D Q N G D M H I O T V C T H F X
H C L I V Y P E Q X M E P U E L L K H I
Q J U Y S N R D Q K B B D W G K Z G U H
L M O L W I Q I M O R E T H A N R E I K
R M Y P O N E T U E U C Z U P U P X E E
E R C V W B X X P C F A Z Z I A K Q X R
W L C B M G R O R H O U A L N Z D T O R
C N Q Q O R P P F V R H S N G U F E R F I
S B P Q O E N G P B B E N T M A E G V Z
V D F V O K W B W X V I L W C J I F E G
C D Y C Y A K B M E T C P P W T V N N J
E W B W O R R I E S C A X N F T N H Q J
M R S N H U B D U W X R W D V T B U A H
B J J S E L D R B I O E X F O R J A O U
X I M B L J T N H A Y H D L L S G G G A
```

Gift Box Moment 10

Beloved, Give **Me** all your **worries** by **trusting** in Me
to **help** you, because I care about you **more than** you
and your **family** can **even** care about **you**.
1 Peter 5:7

Gift Box Moment 10

Be Determined!

BE DETERMINED
DIAMOND
GIRL
DOG
MAN'S
TEACHER
MY MOM
KIRK FRANKLIN
MARY MARY
SOUL TRAIN
CONCERT
JESUS FREAK
HEAR MYSELF SING
PATRIOT
PRESIDENT
AQUARIUM
HEARST CASTLE
SECRET CREATURES
TRYING TO HELP
SINGING OFF KEY
OPP
NEVER NEVER LAND

```
F N S J O H X O X F U M M A N ' S S C O
V E I E Y F A V C J L T C Y P J I F I A
J V C S J I X Z H G U E G L M E Z H S S
J E G U A I G S F M Z Y E I A O V V E V
T R Z S L X O I O O F H L J R J M R T Q
W N A F R K W Q C U O C Y S Y L U J H V
H E A R S T C A S T L E J Z M T Y C E N
K V D E N N B O G F K T I U A W P V A L
B E H A Z X G N N F A S R E R K F U R O
B R E K S T I B F C P Q R A Y Q O O M J
L L R A G Y V O T G E C U O I D O G Y Q
R A X O R H G O P P T R U A R N A L S J
Y N D T H N I O B E D E T E R M I N E D
X D T K I R K F R A N K L I N I V B L I
I U I G T E S C E I A M Z J G T U B F A
Z D N A T T E A C H E R N W Z U K M S M
A I P R E S I D E N T T Q G R K G V I O
S O Y E E M M G M Z T G G I S R E Q N N
W D E U J W W G Y T P N M M X U Q L G D
L B O P N W H O D T O C I C L P V H B A
```

```
C B V G U U B R A F Y C W X C T M H T Z
R E P Z B V R H G P E V P N B L O X Q K
W E Y G B Y F E F O Z Y S U W X M W F Z
C T L L A C M I W R E O Q J D M L G I X
D Q N C R P F C V Q D Y T S S R O H C T
M F Z M W I N J L I J N R K R E R Y B J
P R T W V A R S S S A M E W Y C D B T T
C Y R T F O I E X W T R E E G M U T R I
S K Z Q K Y U E P V A W , O D J G P Q X
C Z K P J C L S Y C H E N M G S Y T F P
J Q T D R A W O E Q L T L P N H M O P O
R T G S I I O K X I M R H R J E W D J U
X Z W U P S A L M 2 3 : 1 K Z P O B T J
Z D K U Y T X S R G Z Y X B H H F F F J
O W H W I F R T P O S U H U O E S R P Z
P U B W I U R U P E K X W S R R O F Q Z
E M M R X R F K S E X Z E G E D F M I Q
L D M G B P G N O T W A N T D U W E T W
A F B D S M C M X W M J Q X Q T Q Z A E
R J J B D B D T D W F E N D V M O D R R
```

Gift Box Moment 11

I WANT to TAKE CARE of all your NEEDS, Beloved. I want you to TRUST ME enough to say with a SMILE, "The LORD is my SHEPHERD; I shall NOT WANT any good thing OR FEAR any bad thing.
PSALM 23:1

Be Determined!

Gift Box Moment 11

Be Well!

BE WELL
EXPLORING
MUSEUM
ROSE PARADE
GOLDEN GATE BRIDGE
CHEESE
OATMEAL
WASHINGTON DC
SUPARNA
USSC
SNEEZED
BLESS MYSELF
CURRY FAMILY
SLEEPOVER
BIKE RIDING
AUNT SHARI
UNCLE DONELL
THANKFUL
PROTECTION
BRIT
ATREY
CONNECT THE DOTS

```
S F N Y H N P L I A J J C J Y K W J B T
A Z E T Y C C R U V C A H V P W Y O M A
Q Q U O Z O H F K A D N S V G D T S B T
A E K X S L E E P O V E R Q O N T Y L J
C G U B W D L H O A T M E A L O E U W A
D J F Q A T J V X H N S A U D S F S O I
L S W R S V E O I O O N P E E K S Z H P
Q L A A H K I O I R R V H E N R R S T O
K P A Q I I M T Q A W T H A G V K A R O
X G B H S C N P K T C H K A C M K U Y
A D I Y G E U U M C Y T F W T U X R N T
Z I K K T E S N E E Z E D U E R Y Z C D
B D E O O M F N X P U M N S B R B G L D
D G R H N J N Q P K W R U S R Y N Z E S
Q P I Y D O M J L X Y M O C I F P W D D
U O D H C I G L O E M V N E D A I Z O W
Y S I T K M E Q R R A H G L G M D J N M
N S N G W W X T I X F D I P E I Z Y E C
E P G J E N A U N T S H A R I L F A L V
S G T B R I T Z G B L E S S M Y S E L F
```

```
J U S Y F I V T D M K D N L W A S O X D
X C U A A L Y C O I O T M Z Z M V S G E
P Y H F K C F S U F N B D D H H Z R X U
K T F V Y R Q N M K F A I T N Y 5 U P Q
X F F I J U M P I S R M D U M : U V T M
H T M S F J A N W T K P I M 4 K B Z R E
L W A L B H V U X I B F W 3 Z M S E I I
W L N Z Y I H T F S L J M F C Y C U W P
J X L V R E W K L Y H L X E L P X E D B
E O C F N N T R W P A M C P V E Y K S Z
J I H X M E G Q O S M A K O Z A W U T V
E B A X G U K W P J F R E V M C S P K V
Q Z W Y C P W G P R A F O R H E L P H L
Q A D U U C T H U O U B E E J Y L X F I
J R F T W K D O Y R G I U T L X Y J T V
G X J S V D Y G V Y R T S D D Z B H Q Q
F X E S Q W L N Z U J U D G U E Q Q I Y
Q V C M A M L E O C R J T E G H D W R O
G N H H D M M U L T Z Y M I S I A U C K
D G F R W L Q A F X Y R I Z C B L I O Y
```

70

Gift Box Moment 12

Beloved, when you **trust Jesus** no matter what, **your face** will show **My peace** and others **will come** to you for help.
Psalm 34:5

Gift Box Moment 12

Be Enlightened!

BE ENLIGHTENED
THANKSGIVING
MEMPHIS
ATIANA
ASHTON
LORRAINE MOTEL
CARE
BEST SON EVER
GREAT MEMORY
THE FIGHTING TEMPTATIONS
BOY GENIUS
BREAD OF LIFE
NUPHILLY
BOY SCOUTS
YOUTH STEP TEAM
SOLOMON
BASKETBALL
MAGGOTS
LEAGAL EAGLES
GREATNESS
SALVATION BRACELETS
JUSTICE BRAZILLE

```
O T I M P H H M P P B O Y G E N I U S W Z P Q
O H K Y Y P Y T K G E R L P E N U O N C S A M
V E C F X O B Z E N O L H K W N N P V Y J P N
L F W Z M T H E E M A X L T S Y M W H W M U N
J I J U S T I C E B R A Z I L L E N K I Y L K
M G A J Q C I M T N P F Y P H S D M J J L X S
Q H O L V I T E X Z L R A B E L A C C M L L L
P T A S Y A K O U C E I N L M A G G O T S E Y
A I W P E S S A K D L V G T C A R E J B T Z O
O N D R A C K Z B H D A E H W N E U S O X J U
R G G B Z E W M G H E I B K T Y A A M Y Q H T
O T G R I D L S O L O M O N A E T E W S Q N H
O E S E V A T H A N K S G I V I N G I C E J S
V M Z A D B M G M Q X X S G V I E E B O Z A T
B P Q D V Q A P E R H W M A A L S P D U D R E
G T Z O E E R P Z W P V C R P L S F S T T B P
P A N F L O Q E E S O F R A T I A N A S D R T
G T P L L A B U G M H O R J H K S B F B A O E
Z I S I L P C K L X L B M P M B H H P M L H A
Q O Z F J B O R Z F M K M F D M T L D E D P M
M N B E S T S O N E V E R S B D O E A C A H T
K S A B X Z T P B Q M M K B L J N Q A G U O A
S A L V A T I O N B R A C E L E T S I X D Z A
```

75

```
V K N R C S Y Y G F J V B C H L M N W Q
G E M V E N M O B O B S K P T D W H M Q
V U L M I G L A P I I C G N H Q Y S M P
F J X B E L I E V E R E R K M J D O F A
G U O E M L T Z M Y B L Z G S F Z L X I C
F E N L P A U W L M X T I R V Y R L T D
B A E O T V R W Z F O N T K E M E F N E
G X T V T J L K E V I O A Q U C D U N Z
C S Y E K H E M 1 F G Z G B J B T G D L
H A N D U K I F O 6 J R X F K H W I K L
K Z X E K G N N U J : R B Q K F U D G U
T M J V I J A O G Y P 1 K B F T F J Y O
U Y S E O C W X R X C J 7 X Z M C B E M
C V B Q Y O U B P Y P Z F - P Q M R S W
K W L B O O F W P S X G A M 2 B Q Y Y E
O S G C U M U E W D G Z X Y R O C H P S
E C B G Q D G F G J T O N L Y V P W Z B
G K C U K Q J G Z H U G F O R Z X Q P R
H W N W S N L L B V D K B V N J Z W L R
F V H O T V G I I A G T H E N I T D D H
```

Gift Box Moment 13

<u>Beloved, if you only believe in My love for you, then nothing and no one can stop you.
Mark 16:17-20</u>

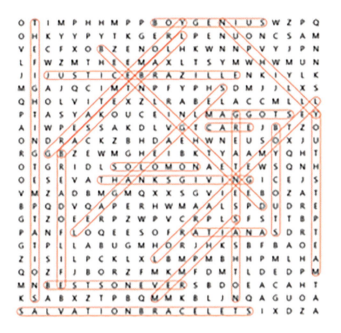

Gift Box Moment 13

Be Proud!

BE PROUD
MOVIES
BRAVE
COMPLEMENTS
CONSEQUENCES
TRUTH
DISENROLLED
PRAYING
NEW SCHOOL
VICTORY
WINGS
SCMS
SUPPORT
FRAZIER
LEARNING
READING NOVELS
CHOIR
BUS
MOMMY
WALKING
MR. HEARTY
HOME SAFELY

```
Y W M P K D W J K D L M B U X V T B K U
D M M E W K S W K S P Y B E P R O U D D
F R A Z I E R S X P W Y T L O E U N R U
D N B V I C T O R Y L F O P Q A P G J B
L M O V K Y M S P E F N P S W D N E U L
Z S O P D M Y E F H U W D J I J Z D Q
V M F V J I N A N R S E M Q N N S J B
W R O P A Y S N P J B B N R Y G T G E Q
F . R M E E Q E K A P R A Y I N G P S N
P H Z J M I X W N U G E Y I E O N C C W
O E C O N Y R S W R L F S M H V T H Z X
B A H C X B E C D V O U E T I E B O T L
A R W L W G S H B S B L U W A L K I N G
V T C C T Z V O H C P R L C C S E R M T
F Y H P P N W O L M T G A E S Q K Q G U
Q V S R R L E L O S E Y X V D U I C B T
C B R W H N E C O N S E Q U E N C E S L
G Y Z U L I E S M M F E L K L N A P B J
S U F T K M Q P S T Z G M K L S R Q S V
U F I V X W I S Q E V R M V S M S G K Y
```

81

```
J Y D V L R J S I P E T N O O Q T H R A
H O Y B W Z U X M W I M Q Y L C H P B W
H U V C F Z M F J R J U V J Y O F C I H
V R R T X W Z C N V C L H B S L J E E T
B N J U K F C B M D S J G Z Z H F N X
M A R K 8 : 2 3 - 2 4 G F X Y J H F C T
D T Y O J A J G C X B G O V M Z V M V M
I U T M F W G Y N D L L D Z A I J E E A
F R Q S K E Y Z C K S Y D X L T U Z Q S
R A C C V C S M Q D O U M D U R L Q V P
J L H H X E E N V F H O S F G I T L M X
D A U P X O E V K I X P D M L V Y E P I
L B U Y O A B X E B L I O E J J E O M B
A I M T M J E S U S M V P F B V D W H C
T L K A R Z Y O T R S M K B U T F U H X
I I X D D P O Z H C Y V V J Y O B L K Z
I T M W H E N E V E R Y O U S E E O X H
I I T H C L D B W A H N G O K Z P V B K
H E A L E R W Q Y W I N V A I I F L U I
K S P U K H X W A C V N S Z Q M V E H
```

Gift Box Moment 14

Beloved, whenever you see My son, Jesus, as your healer, you will see beyond your natural abilities.
Mark 8:23-24

Be Proud!

Gift Box Moment 14

Be Calm!

BE CALM
STIMULATED
PLEASANTNESS
HIGH FIVES
APTITUDE
PRINCE
GREET
GRANDMA CECILE
BAPTIZED
BIG PLANS
PROTESTED
YOU PROMISED
COMMITMENT
COURAGE
COMPASSION
USHER BOARD
CARP
INDEPENDENCE
MS. OLIVIA
BLACK BOY
JA'KIM
OWN BEAT

```
R K M S T I M U L A T E D C D O N P C D
B I G P L A N S D F R D U R R H J U L J
M A G Z Y C T S . P G M L B T D P P Q P
Q L P L P A O H K O A H F V Z I Y M C R
E Z O T D R I U Y F L D I E V U J A O O
W G Q R I P E X R A E I C G B R A X M T
J R W B C Z G T C A T J V R H T ' H M E
M A M Q V R E J M L G Q Q I P F K K I S
I N D E P E N D E N C E T I A C I B T T
X D Z E V K N B F G G W Z K B O M V M E
C M B O A R D L J Y O U P R O M I S E D
C A L E I F R H F M S P P G H P S G N S
R C A J C G Y S F T E R V O I A U K T H
J E C O V A R K B J N I E W U S H E R F
H C K K C P L E A S A N T N E S S J Q U
S I B C V G U M E M Z C P B M I B S W I
G L O O U O V K Y T Q E Q E I O N W T N
B E Y J Y V I P Z M S N N A Q N U J Y I
I J N E Y R N W H Y S A P T I T U D E D
B T I K A Y Y G O G J H J U V G A E Q O
```

87

```
T H J S V G B O H F O U R T H F S I W V
H G B O J M F A W U O Z D N X T L K Y F
Y O B P W V S G K L X N B Z C B R A T R
H K X B D T L V S L O I D J H D X G M K
H U S J F W C B I C M I Y W M Y V X A T
C O I X L H E B E C A J X C T D S P R J
F A I J E S U S B R R O U Z V U O I U M
M H K M U S E M F V K M O H D N F Y O V
D X O G L R Z A K B 1 A N X Q N P S H W
L C H A N C E S V J 4 J A K F N T M B Y
A P B G Z B L L O B : U I Z S S R O F Z
Z O V Q T T C E L D 6 M A X X M J D Z X
W J N O D G T V Q N 6 K Q H T Q I U N M
D J N W Y C N I Z N - D X V Q P T U S V
L O V H B V C P U V 7 V T K P D Z X Z P
D B X H A V H G R T 2 S U A S O Y Y D M
I S E B N T I H S N F G O D O T R V S
Q D S U N L Z A V D J X N A U G I U L C
U H S Y B H O A H I C A D D A H W B K L
G E Y X S E G K J L H E A R T G Y G L R
```

Gift Box Moment 15

Beloved, I am the GOD of SECOND, THIRD and
FOURTH CHANCES. DO NOT BE AFRAID to COME
to Me with your HEART in your HANDS. Because of
JESUS, I'm FULL of chances.
MARK 14:66-72

Gift Box Moment 15

Be Calm!

Be Fearless!

BE FEARLESS
TWIN WEAPONS
BODY
BLOOD
ROOTING
LEARNED
GERMS
SENATOR BARACK OBAMA
UNION STATION
DAVID
ANGELS
SHERIFF
SLIGHT LIMP
HUGE SMILE
WAVED
LEFT BEHIND
BASIL
BAILEY
DANIELLE
DANCE MOVES
SOUL STIRRING SONGS
OFFBEAT

```
W V L R N L E A R N E D D H Z V R K X S
Z Y Z O U E U U N I O N S T A T I O N X
E O X O Q N B W F O O T H F M Z G O B I
X I M T A L K F L P U L V D P G P P E H
D A V I D J I B A I L E Y Q F A E Z B D
F I K N Q R O N S P F D K Q E Y P R B B
M H U G E S M I L E O A R W A V E D M A
T L U H Z C F S X B D A N C E M O V E S
H Z S O U L S T I R R I N G S O N G S I
P Z W L V U A H A F W S A C E K W W W L
F G K M I E R Z D T D A N I E L L E V S
W T E C B G B A P M J O Y T T J S Q J X
K I L F O J H O Y C X Y H L P A L E D Z
A D F Y G S K T Q A I X D M X U D T O U
J O B E F E A R L E S S D M E F A E B I
B T L E F T B E H I N D O N P P J P F Z
H Q A Y J G A Y K B M N H W L Q U Z M V
X Y Z R C O G T K O W P N E X U H E J F
D S E N A T O R B A R A C K O B A M A X
E B T Z U T X C W U P W T I B H Z Y J D
```

```
C I G F H P S R O I A X S V R E M R D K L T O
Y ' P O G Y L O R H M D Y J N O N U E E V X F
Q M Q Z F P Q M F H Q C N I Q S I U G Z Q T L
O R X H R Y E J F G Y Q T Z Y H S V X E B F N
V E V F Y U M K Y W G L E C B Y Y S I W B K E
W A O Q U A C K B L S G B B L L Z J H V H C K
H D U W F T X E W E D D R Z Q H A L H O U U T
Y Y A A M M T Y Z G C C M H W Y U I N W P N C
Y T K M V R J L N T H P N W V F G K L X E X A
P O M I L C Q Z A Y F G V C P A R B P O S I U
X T U A C P B D K R I F X V Z M G G U O T J J
H A A S P G S J I P E S U P O L Z B X X N O X
P K F U A F V I U E P L N N Z J Z V K B I S A
E E A K X V H S Q V D W V J K N V F M O Z V Z
D C J B B L Q C C M A L F F P A T Q I Z B B O
T A O S D O W D Q X R M J X A B R I V J R Q N
I R K P E V M B O E K O Y T L J U J X W T Y M
O E Y W H O Z C H M P S A L M 2 3 : 4 Q K L A
K O E D Z S J C B T L Y K D P R W Z N X S B
T F L S W H M Y H S A Y O I L Y P F G D K W K
V Y A M E Y I F I O C C M S Y R T K C L W D T
B O A W U E S G T Z E V E N I F Y O U W A L K
J U M W R Y L G R I E T Z D V B P M H W V V S
```

94

Gift Box Moment 16

Beloved, **even if you walk** through a very **dark place**, don't be afraid because I am with you. **I'm ready to** take care of you
Psalm 23:4

Gift Box Moment 16

Be Intense!

BE INTENSE
ACCLIMATED
CECYL
MICAH
NEW FRIENDS
SCHOOL
CHP
FREEWAY
LITERALNESS
ANGELIC FORCES
GRAND CANYON
VICTORIA
SKYWALK
LAS VEGAS
HOOVER DAM
CIRCUS CIRCUS
BOLO
ATLANTA
AIRPLANE
BYE MOMMA
BAGGAGE CLAIM
TRADEMARK SMILE

```
X F F G C G R A N D C A N Y O N D P W M
T R A D E M A R K S M I L E W K U L I A
B E E J C H Q R B M N H W H X S Z A J N
N E U U Y C A J O N E A B D E U L S W X
L W O K L T N M N A T P C G E C B V Y A
N A Y A N G E L I C F O R C E S A E M H
U Y C A I Y W B P H S E Q G U N Z G I F
M N L G B Q F K A L S S A C M F Y A P M
Y T L O Q A R C K N M G R R C A Q S A W
A A U O J Y I R E S G I X M T G X D T Q
U I Q C F M E T N A C H P H I E R D X N
A I R P L A N E B S Z H R G B E K I G E
W Q F V W I D C U U U I O L V L V R O U
Z G C W E O S C W N B O L O A J N W Q R
V Z A B R L R L A S X A O W L O M U A L
T A C C L I M A T E D H Y Z X I M J T Z
L D V I C T O R I A E K U J R M C J E E
G L I T E R A L N E S S U U R A K R V W
Z R Q C O K U J Q N E H C A P N H Q Q A
K X F H P T R Y I X X U N W Z U N B F Y
```

```
U H W Y Z K W M R M G Y R T 1 L I X Q M Y W E
N U O K M U U T O N B I P R J J P C L R F K U X
B U H W W K Y F S Y D I E K L O Y B R Y X S W I
M Y G R E A T E S T G I F T T H R O U G H Y O U
E Y T Z H N S B G R T T W N P N F X Y I Q H I
L J L F F R N Y Q N M W E E L 1 D D W C L E L G
K P H I W V S D O T P H L N Y : S K U C W N Q D
G W S I G D B U B U G E D X D 7 A T X I V U M U
X P T Q N H K S C A R P Q V C D T P O R R J J
D H Q U S R T W T A S E E J J G Y R Q R C Z F P
M B B X Z I U S D D C D C O M M Z T S A F G O X
Q T U M Q W B Z H G R D N O U P T V S O Z W P B
G U U M R W Y B U A Y A O K G H C M R X C D V L
L Y R K Z X I Q H S R I P M Z N R D F E A F X E
M F E L S F X C T L F E V J W V I H X B T D R I
G V V C U N R X C Q N G I L L G O Z E C T E Y X
J R Q V I Y H Z L U N E Z T I Q Q K E J K V I O
H D K J A I W Q J M J J L D F M Z E T Q D F T T
G M X X O R J U C O V K N K Z U X Y D U K A V Q
W N E L F Q F F J O K D W C B E L O V E D K I Y
A S G U Q T Z O E V R Z K I S L W L A K K G E D
X I L V C G D U N V W K I O V G T F Y W A U N F
A N D C O M P L E T E L Y W I T H O T H E R S Y
```

Gift Box Moment 17

Beloved, as you recognize My greatest gift through you, My light; share it fully and completely with others.
1 John 1:7

Gift Box Moment 17

Be Aware!

BE AWARE
DREAM
SWEATING PROFUSELY
KOOL-AID SMILE
CONGRATULATIONS
CHICKEN
JOYFULNESS
REGIONAL CENTER
CANDY BARS
SPEAK UP
NEW HOUSE
PERFORMING
LAFF CLUB
KAPPA ALPHA PSI
CRAVE
ALVIN AILEY
MR. WILL
VANCE
STAR
TAHMEE
CHAYCE
SHENANIGANS

```
N W F F R A Q S P U H P S L M M Y Q E V
C H W D G P H K A P P A A L P H A P S I
D H J R C P A O Q O S B D N R X P Y W E
Q Q C N K N M I O G A N E W H O U S E C
Y B T N L F C F C Z R G X V Y F O A A I
L J C R A V E H E A N C M Z R A T S T Z
E Q G L S I A L V I N A I L E Y Q H I L
U A K A T P G N M R E D N T E Z S E N H
P E Y L A A E R C R N L Y D W S X N G W
B B M R R G O A D E X A O B T F O A P E
M L N Q H F E S K U K F X A A M Y N R S
E U F F R F I C M U Y F O X Y R I I O N
O L P E F L I T D C P C D T K . S G F U
T Z P T A H M E E D X L M Z B W D A U T
N L R J C O N G R A T U L A T I O N S N
X C G X N H P I T P G B F F L L G S E V
P K O O L - A I D S M I L E A L B U L K
M I I A B J O Y F U L N E S S Y X F Y T
R E G I O N A L C E N T E R B Z Y V Y W
B W F F V M Z J B E A W A R E W S G N U
```

```
I P R U J Q J Q E P W R B Q D M A K U F
Z L X V C C R V M E C T U J A M D D S T
R Y V V E J O J O H N 1 5 : 1 3 Z K Z N
E A B Z E F W M R Q X R W S R U G W K G
W E Y N K S W H E N I G A V E I L Y K U
B Y K D R C S U C F U Q M F A X Z G B
O H Z T O V P R P I L Q S H M V V T L P
O D E E P A B O L H K O V J F X V M C F
W H O Z M K E N N D R J S G D M K S X K
D J S N G E J F N H C J R E I T O P H A
E R U L N N L T X D I Z V M R Z K I S M
I A J P H W X A D M I O Q S W C S T T J
Y F Z V K M B E H A R K G A B B G H Q O
J X O N J Y L H K P L X U G R Y T H J E
Y D G S P Z T F I I P Q Q U B E J M K S
Q W Z F Q S K F D L O B H U X C S L D F
Y N P S D R U V C S O C I M I P S H Z X
P Z E U Q R G H V T R V J T G G L E B D
V N W X I M B G O Y F E E V T N N G U S
Y B W J Y B K J J B F X K R D D K T B W
```

Gift Box Moment 18

Beloved, I LOVE you MORE than you love you. I PROVED My love WHEN I GAVE My son, Jesus, to help you COME CLOSER to ME, Beloved.
JOHN 15:13

Gift Box Moment 18

Be Empowered!

BE EMPOWERED
FIREPLACE
YOU'RE LATE
PAT
RECOVERED
SUPPORTIVE VILLAGE
JUDGE
EMOTIONAL
TALKATIVE
SEAGULL
TEACHER
ANGRY
SUSPENSE
SCHOOL WORK
CHAMBERS
HELLO STAFF
SMELL GOOD
JANITOR
UGH
CHURCH
BOLDLY WALK
ALTAR

```
V W C E B H A V K S E P R R Q L M S M G
M F I R E P L A C E K H A B G H A D A L
S M A K E Y E O V C H U R C H N E B S A
L Z D N M L M U M A S E M T K T I O O G
N O V A P Y O Z A S J H L A A L C L Q H
S U P P O R T I V E V I L L A G E D S X
Q S F U W E I G B K D N E K O P L L U Z
C C L O E C O A L T A R A A K S Y Y T X
J H J S R O N N U O ' S A T S Q T W V C
J O A D E V A G F U I V A I V E E A O H
E O N M D E L R O C K P U V H L A L F M
F L I A B R H Y U J U D G E G B C K F
W W T S M E L L G O O D H J I E H V Q C
G O O U E D R I U H L G H O R P E S V W
Q R R S O A V S Z L J C M Z L V R O B F
G K W P A Q G A O L B W H C W E E Q J R
B L E E N H O U I T L O P G X Y T K B A
S Q Z N S H K O L S N W O F X W Q U T D
W R Z S I R X O Z L W V Z J J M D D X S
S I D E U Y P A M E G R S Q C F P N J B
```

111

```
Z I S P X N T M V O V F P C D P W K P E
K T E V D U M Z G Q N 7 L Z B N I R E O
Q D P O Q N Z V W B 1 M I M Y R H U J J
E F A V L N M W H - D W D C T M K I U L
P U R G V H X K 6 N Y E P T S H D Z M Y
S E A P B T F 1 W Y T Z S V B P X V E P
D I T X Y B : A O R S J E W Y U A M P P
V N E A A 3 Z I E L U D D Z W W C O V D
B U S D N P N C N N T W A Y U P A H Z Q
P C Y H J O U P G K O S M I U K Y X K V
M G O A X N M O H R K W I O Z O X L Y T
T J U M Z N J C O E V A L C P Z X E V E
T Q F R P X Z M E C K C Z S Y L I L F D
Y V R Y X X J R L E D F V W K K V T D V
H F O R A N Y T H I N G Y O U T H I N K
D W M M M I Z A O V C C A T E U U F I W
W S M F O R G I V E Y O U R S E L F I X
L W E H J N R P W E H N E B G M J P X X
U O . J C L Q B Q E M W H C Z F K P E Z
L J Z G X S G Z S N T Z G Y V N I C U W
```

Gift Box Moment 19

Beloved, **receive** My love to **forgive yourself**. I love you and forgive you **for anything you think separates you from Me.**
John 3:16-17

Be Empowered!

Gift Box Moment 19

Be Independent!

BE INDEPENDENT
LIVE IN PROGRAM
LUCKIE DAY
NONVERBAL COMMUNICATION
FEELING ISOLATED
SPECIAL OLYMPICS
GRATEFUL
USHERED
DRIVING FORCE
CALMNESS
LOCAL BUS SYSTEM
DRIVING LESSONS
SMILE BURST FORTH
PROUD
SEGWAY
NEWPORT BEACH
DEPENDENCE ON GOD
THE FLYING CATERPILLAR
CREATED ART
WIN WIN
ADULTING
BUTTERFLY

```
A B S P F H B Y E Y Z P M G Y P F N D S R L A
W E V E B S R R Q L Q I S E P J R E N A X J O
J I D V G I L U X L I V E I N P R O G R A M S
W N R W J W I N W I N K U N Y M S Z U W G O Q
K D N N P G A K W W T F Q T D S B W B D R M P
Y E T H E F L Y I N G C A T E R P I L L A R T
Y P T T U Z I J C L A D U L T I N G R A T A V
D E P E N D E N C E O N G O D U S H E R E D Y
Y N Q H S N F C A L M N E S S K B V C L F F P
G D S F E E L I N G I S O L A T E D R W U Z J
Y E U R Q W T S Q V Y B U B U T T E R F L Y L
C N F Q S P E C I A L O L Y M P I C S Y E D F
T T U K N O S R D R I O K B Q L O R R C B A H
H W O C G R D R I V I N G F O R C E I R G K A
G P Q B P T L C F Y K C O Z L E G X K E J W L
L O C A L B U S S Y S T E M N O Y X V A J F R
E N O N V E R B A L C O M M U N I C A T I O N
F L S Q B A Z T Z A Z L L T L U C K I E D A Y
Q X S H K C K W J X X N O T A R E U C D X O T
F Q V J K H E M X K J K Z T Y B E N Y A U V U
H O F B I Y C S M I L E B U R S T F O R T H V
G X N X Z K H X Y A F K L N O C P Z C T Q Z G
D C S Y Y C Q H C G J C D L W C U N U H O X P
```

```
N I D N Y I W S R W S D F V S T E U Y R
P V M P L U N C P Z W W D A K R D G I
M R X G E K K Q M B U K S I X B R N C
E U T D S L E A R N I N G G W H B U I C
A N Q E Y Y G L B K A W P N E F N Y B I
O E B C N S O E Z L H D J W E Z T X S S
D T P C A T Y E P P N B I I Z L T Y Y K
C M K T G H D R Y B Z K O L H V G Y O Z
B A I P O Y E Q X Z U J L L B 5 U M P G
T A J Y C G S L Y T B C T M 1 C T B W T
W Y C N G X L C P I D D R : O Y R N Q V
F A F I O P D X Q R U X 2 O E M U S I P
R F B W J C I H X A U Y Z A B E S T J U
O L X G B V H E S A H M W C O N T E R K
J Z H H T L D R Y T Q Y O U R L I F E O
I Y P H A J D G O F Q M H M W N X G F
S K W D O R K M N G R L D K X R G P K B
X O C F D O I N G K Y L U W S T V X O X
L F G S F T K X X M C L U C G O P Y C U
A R D M 2 Z Y R U U S T L U X F Y R L W
```

Gift Box Moment 20

Beloved, keep <u>doing</u> your <u>best</u> in <u>trusting</u> in Me and <u>learning</u> about Me. I will give you <u>help</u> because I have even <u>bigger plans</u> for <u>your life</u>.
2 Timothy 2:15

Be Independent!

Gift Box Moment 20

Be Free!

BE FREE
JEFF
LEON
BOYS AND DOG
THRIVED
BEANIE AND GLOVES
TYLER
PROM
CANDY APPLE GREEN
MAESTRO
FULL OF LIFE
BAGGING GROCERIES
GREAT WORKER
SHAWN
CHICK-FIL-A
CYPRESS COLLEGE
7 MILES
PAPA BRAZILLE
FLORIST SHOP
SECURITY
SENIOR FOOD PROGRAMS
KISS ON CHEEK

```
G Y B M W T Y L E R I P S C U I S W A C V X C
E D A J G H O I U Q T S V M J H L J C K B J K
J Z E O Z R N F E A E P L G Y A C I O C Z P H
W C N C T I S N W R J U P A L M S E Y M J T D
Q Q D S S V K G P K H I A B N I C T D N X R L
H A E E J E U Y G A K U J E F F M I Y K C S G
F A M N Q D C F Y C W I F A N I G H Y F S J E
M L C I H H L U B C S U V N K D A L Y U Z P K
Q L O O C P E W R H M C H I C K - F I L - A H
Y O O R L A 7 M I L E S E Y U V L Z L S P L
C D D F I L N Q C A T Q N A S V V G U O C A L
J G B O C S E D S U S Y C N K W W R I F S B M
D Y E O Y J T G Y K L O I D V V T E N L K R Y
J O F D Y R M S E A D M D G O N S A T I F A Z
J R R P G S G H H K P O M L O T L T L F J Z N
C O E R K I A F J O T P T O W E K W E E F I J
O K E O F Q E N L F P R L V O P L O C W L L U
U G B G U Z A A D D J O W E F Q V R C V C L F
E X E R N V G X I D L A V S G W C K M M I E Y
B S H A W N Y J K G O I O H W R B E O I F O V
L T J M X B A G G I N G G R O C E R I E S S N
K I S S O N C H E E K P H K U W P E Q P A I M
M J X R T D M S Y W J X R T Y R T P N O B N E
```

123

```
J 1 A A X T X Z T Z Y H X E U U M A G W
J J T X W K L Q E X F G R R K M C W Y K
T O V F K X R E U A Q D N J E E B W L D
Q H M D T C N T H P M R R Y O Q M A D J
A N E F Q Q N T R W M N J P Q S H X Q C
D 4 U W E K O I I Y F Y T R D X N L Y L
W : N M F J V W V C C A F H S W Y Z M
W 1 U Q B I H O N T D U J L B F U W B D
W 5 U E V E N I N T H E E N D ! B H P L
F - G Y A R R A V F Y B P E N F Q F C
S 1 A T Q A V S L K Q T B F L O E F C B
Q 7 N B D Y D N 2 A P Q C O X G Y Y O O
R O G C O H J C E 3 S Q B Z O K E Z I B
P C Q C Z F U I C W : V G M Z Q N O U O
Y U T W Z V J O R N D 1 S G Q W Z M B L
G W U Z H F J L D B J B 0 W J L J H W F
R H B R A N D O N , S O N , Y O U W I N
Q R D U Z D O Q Q A D L C O 2 R E U L Q
P J G N I L G J V G P C G K D 0 Q F Q E
I C U V N A F P U U T F M K O B Y J E V
```

Gift Box Moment 21

BRANDON, son, you win even in the end!
Numbers 23:10, 20
1 John 4:15-17

Gift Box Moment 21

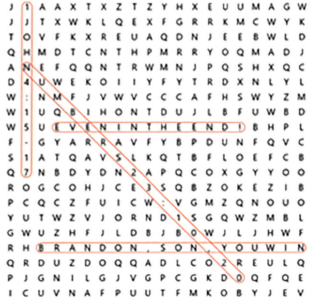

Be Remembered!

BE REMEMBERED
SINCERE
TRUST YOU
OWN BOOK
EVELYN
DOUG
DARIUS
BIRTHDAY PARTY
I'M READY TO GO
JESSE
DER WIENERSCHNITZEL
AL, THE BARBER
MASQUERADE
WITH HOLDING NOTHING
BRANDON IS ALL RIGHT
ANOINTED FOR BURIAL
GIGGLED
FELT BRAND NEW
SEEK AND FIND
GREEN SCARF
GIDEON
BEST GIFT FOREVER

```
I M J U S U Y L J S J Z L J W Z E X A V W J Y
O G D A R I U S R E M N E V R A Q H Q R I K B
J B O E Q G Z F L A B U X J N A F M S V T X R
L I U I R K X D D N O H L H O A J J D T H F A
O R G A ' W V G U O V D N N L U U Y U N H Y N
H T Z L E M I S W I G T H G C Y O O Y W O B D
L H N , F A R E U N V N R S J M Y B B H L W O
J D R T J S T E N T O J Y J E T H B B F D R N
H A N H L Q H P A E E V H F S Q M A E G I P I
E Y R E H U O M D D R D R U S P J R K N P S S
X P I B P E P I P F Y S R P E A E F E W G Y A
G A S A H R G J J O D T C I F L T C M F N X L
R R E R C A E E G R B S O H G O C Z E R O D L
B T E B S D R V G B S P B G N K M U M K T Q R
W Y K E I E X L E U X Y I N O I D M B Y H U I
E K A R N J N W S R L G D O X G T D E I I R G
L M N Z B S M E K I W S B N H Y D Z R H N J H
E A D E A O C U X A N N R V I C F A E Q G M T
J T F Z G Z R A X L W C X A Z C B C D L Q C K
J P I B Z W C C R O U W E V E L Y N O V E S K
Y K N B E S T G I F T F O R E V E R G F E O Z
X H D S F E L T B R A N D N E W G D E B L T V
B S Y S P Y R Q H Q E K L W T E Q A S U W L O
```

```
J K O I S R M F H I T A B X W X O D Z O R G Y W U
L R W Z X H U T O Y X C H K G D M J Y O E G X S O
H R D Y I C M R O G A Q F J A Z H N Z Y U H S S K
E W Z H Q E T E L P Q R F W L K S D G N H A Y P
X T Y T T A Y K N D Y F M K Y C G M U T K H L H D
N J O P M X X W B S O S L V L S P R G H B Q Z A T
I F W H A T Y O U B U I L D S U R V I V E S Y O U
B A B M G N H L M V W F J L J Y Q G I K R F R L B
C E S B D F 1 C O R I N T H I A N S 3 : 1 4 N I V
M N J U N M V K P O L L H Y Z F I D I I R V H P J
O K O A K C V G I H L J R A Q V M U V S W F Y S L
V T A K S M J E Y Z R G D X V Z N S F Z R Q N I M
M W W Z O T D P R D E E R B L N V X E T A K S O Z
W F D A Z A U I L N C X V P K P F W Q L T Q I L H
R D U M U I C U H X E D D J P D Q Q J V G O N S G
N P N D T G V I N T I E V J V G I O C L D N S G F
P T A V K V C X U Z V W H W G E J O M O P P U U U
K B H D C K E O G O E J Y K S K K N L W A J Y Z L
H Y B O B D Q Q L U A Z F K J N Y U K V I A N I T
Q D B B E T T E K W R K Q Z F B V C L P T D L N Z
B Z M B Q O B Q Y X E Z E L L Z B L W B O J A T N
T T O S X L U F I C W D A B S R C W G M S A B P K
D J D W B W E Z I M A S I B V S N D U V I H Z A S
E Y S D O A N S D E R P O H X D M Y D R P A J B A
N Y P F F H C E I K D R D D B L H Y Z E W G E G F
```

Gift Box Moment 22

**Beloved, if what you build survives you, you will receive a reward.
1 Corinthians 3:14 NIV**

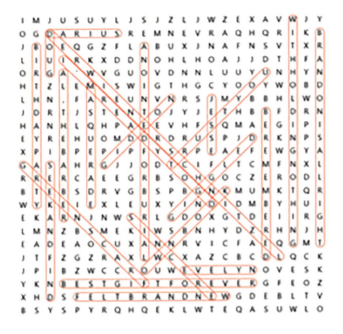

Be Remembered!

Gift Box Moment 22

Gift Box Maker: Brandon's Adventure

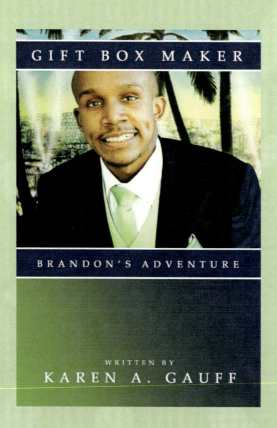

Gift Box Maker (Brandon's Adventure) is about the spiritual journey of a mother and her beloved son. Through Brandon's Adventure, discover your life companions and stir up your own gifts as you witness the joy, healing, hope and love shared with the world because of Brandon's purposeful life.

For more information, please visit:
www.amazon.com/Gift-Box-Maker-Brandons-Adventure

Abba's Love Notes

Best Gift Forever!®

Abba's Love Notes® is Will and Karen's encouragement ministry in memory of their beloved son, Brandon. Visit it to encourage, elevate and educate others with God's promises of Healing, Hope, Joy and Love through biblically inspired personalized gifts.

For more information, please visit:
www.AbbasLoveNotes.com

Courting With Chance : Reconciling Memoir

Courting with Chance deals with the likelihood of Karen using the ugliness that surrounded her childhood journey as a chance to transform her problems into positive solutions which ultimately catapulted her onto the track to becoming a Judge.

For more information, please visit:
www.Courting With Chance-Reconciling Memoirs.com